DU

RÉTABLISSEMENT

DES

CORPORATIONS OUVRIÈRES

PAR

M. Gabriel LEVASNIER

Rédacteur en chef du *Courrier de la Vienne.*

PRIX : 50 c.

H. OUDIN FRÈRES, LIBR.-ÉDITEURS,

POITIERS	PARIS
4, rue de l'Éperon.	68, rue Bonaparte.

1878

DU
RÉTABLISSEMENT

DES

CORPORATIONS OUVRIÈRES

CONFÉRENCES

FAITES AU CERCLE NOTRE-DAME-DES-DUNES

PAR

M. Gabriel LEVASNIER

Rédacteur en chef du *Courrier de la Vienne*.

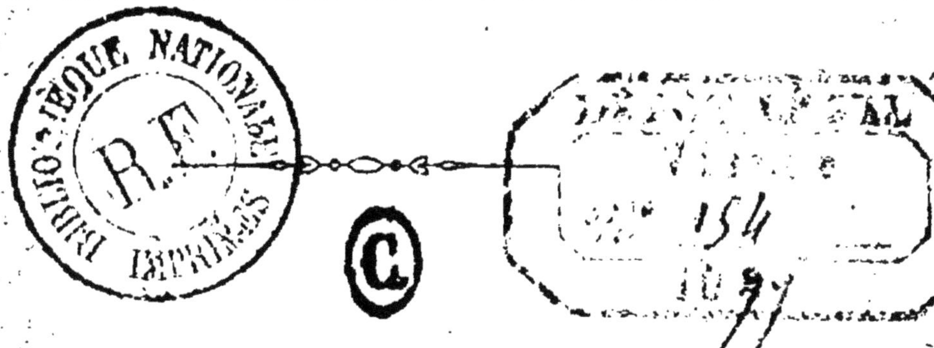

H. OUDIN FRÈRES, LIBR.-ÉDITEURS,

POITIERS	PARIS
4, rue de l'Éperon.	68, rue Bonaparte.

1878

A

M. L'ABBÉ FOSSIN

CHANOINE HONORAIRE,

DIRECTEUR DE L'ŒUVRE NOTRE-DAME-DES-DUNES

A POITIERS.

Monsieur l'abbé,

C'est un bien petit écrit, pour un bien grand sujet, que je me permets de vous dédier.

Mais si modeste que soit cet opuscule, il est animé de votre esprit, plein de la pensée de votre œuvre éminemment sociale, et même conforme à vos vues puisque vous avez bien voulu prendre l'initiative de sa publication.

Ce n'est pas là du reste, Monsieur l'abbé, la seule part que vous ayez eue à mon travail.

Vous m'avez fourni des documents entièrement inédits sur l'histoire des corporations ouvrières du Poitou que j'espère un jour raconter tout au long.

Vous m'avez accordé, en outre, l'honneur de me présenter devant un auditoire aussi compétent qu'indul-gent.

Vous m'avez, ainsi, donné le moyen de réduire à sa plus simple expression sous forme de conféren-ces, la matière d'un volume, et de mettre de la sorte, le résultat de mes études, à la portée d'un grand nom-bre de lecteurs.

Enfin vous m'avez autorisé à placer mon humble tentative sous le patronage de ce grand évêque qui porte le plus illustre nom qu'il y ait actuellement dans l'univers : celui de Pie IX, le bon génie de notre siècle.

En vous dédiant mon essai sur le Rétablissement des corporations ouvrières, je ne fais que vous rendre ce qui vous appartient.

Veuillez, Monsieur l'abbé, agréer cette restitution, et recevoir avec l'expression de ma reconnaissance, l'hommage de mes sentiments inaltérables d'amitié, de dévouement et de respect.

Gabriel LEVASNIER.

PREMIÈRE CONFÉRENCE

DE LA NÉCESSITÉ
DU RÉTABLISSEMENT
DES CORPORATIONS OUVRIÈRES.

I.

MESSIEURS,

La France est bien avancée en âge, puisque son extrait de naissance nationale date de l'année 495, où Clovis le signa, dans les plaines de Tolbiac, à la pointe d'une épée trempée dans le sang tudesque.

1

Le siècle n'est pas jeune, puisqu'il vient de traverser la *ligne* de son soixante-dix-septième été.

En face de ces deux sénilités, on est tenté de se demander s'il est véritablement désirable, urgent, pratique, de se mettre en travail d'avenir et de planter pour une postérité douteuse.

Notre génération semble être dans la condition d'une fille qui, tout en aimant sa mère chargée du poids d'une longue vie, en est réduite à ne lui servir que de bâton de vieillesse pour l'empêcher de trébucher dans le chemin d'une existence trop compromise.

Les mères, hélas ! en dépit de la tendresse dont on s'efforce d'étayer leur stabilité chancelante, sont destinées à finir, un jour, pour jamais.

Les siècles, au contraire, comme

les peuples, n'achèvent une carrière que pour la recommencer. Lorsque le Temps crie d'une voix qui franchit les frontières de notre monde : « Le siècle est mort ; cette nation compte un centenaire de plus », l'Humanité peut répliquer : « Vive la nation ! vive le siècle ! »

Elle reprend, aussitôt après, son œuvre de civilisation. Elle sent d'instinct qu'il n'est pas plus permis de se désintéresser du sort de l'époque qui surgit, que de celui de la patrie qui ajoute un anneau à la chaîne de son passé.

Epoque et patrie, sans avoir devant elles cette éternité qui n'appartient qu'à Dieu, partagent le privilége d'une immortalité relative dont la durée reste le secret d'en Haut, mais qui ouvre le champ illimité de l'initiative, du labeur et du progrès.

Cette transmission de vitalité ne s'opère, toutefois, qu'avec le concours des générations. Celles-ci deviennent, au pied de la lettre, les légataires universelles de l'âge disparu. Il y a des âges dont la succession est difficile à recouvrer. Il y en a d'autres qui laissent un patrimoine indemne de toute charge.

Quand la France entra, par exemple, avec Henri IV, dans le dix-septième siècle, la paix régnait au dedans comme au dehors. Le mort saisissait le vif dans les meilleures conditions.

Il en fut autrement deux cents ans plus tard.

Notre pays héritait, en 1800, d'une révolution sans analogue dans les annales du monde civilisé, et d'un état de lutte intérieure ou extérieure sans précédent dans les fastes des peuples modernes.

D'un édifice social érigé pierre à pierre par une légion de générations, il ne restait que des ruines. A peine en retrouvait-on les fondements épars, ensevelis comme ceux des monuments de l'Egypte, de la Syrie ou de l'Inde, sous un amas de décombres gigantesques.

Ce formidable héritage de débris jeta le découragement dans l'âme de la France.

Elle travaille néanmoins, depuis soixante-dix-sept ans, à débrouiller une succession qui paraît s'embrouiller au moment même où le but espéré de légitimes efforts semble être sur le point d'être atteint.

Elle pourrait se croire condamnée à une irrémédiable impuissance, si elle ne se trouvait, malgré tout, animée de cette confiance en Dieu qui défie les complots d'une fortune adverse, et si elle ne s'obstinait à se dire : « Je viendrai à bout de cette inextricable affaire de succession. Je liquiderai. »

Telle est la pensée qui nous guide, nous tous, qui avons foi au progrès par le Christianisme, et ne cessons de revendiquer ce domaine du siècle, même grevé d'hypothèques.

Les désastres inouïs que nous avons subis, il y a sept ans, donnent à notre ténacité le ressort du patriotisme.

Nous éprouvons un pressant besoin de réparer, à la fois, les fautes de notre temps et celles de la France.

Mais les uns s'imaginent pouvoir obtenir ce résultat en dehors et à l'encontre des lois de la civilisation chrétienne. Ils veulent faire de *l'homéopathie sociale*, en cherchant à remédier à un mal par un autre mal. Ils demandent à la Révolution qui a produit les calamités dont nous subissons les conséquences, d'en suspendre le cours.

Les autres, plus avisés, disent : Le système de la *table rase*, ce qui signifie la Révolution, nous a perdus. Travaillons à nous sauver par le système de la conservation. Le progrès véritable n'est qu'un capital de conservation accumulée. La France ne s'est faite qu'en l'augmentant d'âge en âge, selon les règles inflexibles de la sagesse des nations. La première de ces règles consiste à réformer les abus, sans renverser les institutions.

La patrie, la nature, la société, reposent sur des principes essentiels à leur existence, dont l'application est susceptible de se modifier, mais qui sont par eux-mêmes immuables.

Toute l'économie du monde créé se résume dans la transformation continue. Il n'y a donc pas de milieu entre ces deux alternatives : conserver ou détruire.

Aussi est-il permis d'affirmer que la question sociale, qui est la question capitale de l'heure présente, n'est, au fond, que le problème posé par une société divisée contre elle-même, parce qu'on entend d'un côté renverser, de l'autre consolider.

Comme tout problème, il a plus d'une donnée. Nous n'avons de chance d'arriver à une solution générale des difficultés qu'en nous attachant à les vaincre partiellement.

La principale de ces données se rapporte à la situation de la classe ouvrière et aux conditions du travail qui lui sont propres.

II.

La classe ouvrière a été, depuis 85 ans, le bouc émissaire de la Révolution, qui menace d'en faire sa victime, en prétendant la couronner de fleurs.

Quand on se place à un point de vue purement social, on remarque que les ouvriers ont pour eux le nombre qui s'impose, mais qu'ils ne représentent pas *les intérêts* qui lui servent de contrepoids.

Ce défaut d'équilibre entre le nombre et les intérêts constitue le péril commun aux ouvriers et à la société.

Les ouvriers, qui ont conscience de leur force numérique, ne savent ni comment la régler ni de quelle manière l'utiliser. La société, d'autre part, ne trouve pas le moyen de leur démontrer par des institutions appropriées à leurs besoins qu'elle ne demande qu'à les faire participer, dans la mesure du possible, aux bénéfices de la civilisation.

Ce n'est pas tout.

Quand on envisage la situation ouvrière sous un aspect exclusivement économique, on s'aperçoit que ceux qui y sont directement intéressés, ne possèdent presque aucun des éléments d'existence sociale qui leur seraient indispensables soit pour établir entre eux des relations fructueuses, soit pour se maintenir avec leurs patrons dans un accord qui ne serait pas moins avantageux à ceux-ci qu'à ceux-là.

Entrons dans quelques détails qui feront la preuve de ce que nous venons de dire.

La condition ordinaire du travailleur comprend l'éducation, l'instruction primaire ou professionnelle, le métier ou l'état, et l'association.

Or, l'éducation est généralement négligée par suite des exigences qu'impose aux parents l'asservissement du *gagne-pain*. Le foyer domestique est devenu un corps sans âme. Dans une foule de contrées industrielles, le père et la mère sont, pendant douze heures, absents de leur maison. Alors que la mère devrait la garder comme un sanctuaire, elle la délaisse quotidiennement pour tâcher de suppléer, par son salaire, à l'insuffisance de celui que lui octroie à grand'peine et irrégulièrement un mari oublieux de ses devoirs de famille.

La cause de cet état de choses, c'est que le père, ne se rattachant ni de près ni de loin à une corporation qui le retienne dans les liens d'une solidarité morale et lui prête assistance, demeure absolument maître de ses actions en subissant un isolement qui le réduit à l'impuissance.

Aussi tous les rapports publiés sur ce sujet, à la suite d'enquêtes poursuivies dans l'esprit le plus différent, s'accordent-ils à reconnaître que l'éducation de l'enfance ouvrière est affreusement négligée, et que dans les milieux d'où la religion est bannie comme une ennemie, la perversion de l'esprit, la dépravation du cœur, l'abaissement de la vie domestique ont atteint des limites au delà desquelles on ne rencontre que l'abêtissement.

La classe ouvrière semble être mieux partagée en ce qui concerne l'instruction primaire, lorsqu'on ne descend pas dans ses bas-fonds intellectuels ou qu'on ne visite pas l'égout collecteur de ses misères et de ses vices.

Mais cette instruction s'arrête, dans la majorité des cas, à la connaissance incomplète de la lecture, de l'écriture, du calcul.

C'est encore à l'individualisme qui s'impose à l'artisan qu'on est forcé de s'en prendre.

Le père ne travaille que pour vivre, sans chercher à monter un degré quelconque de l'échelle à laquelle il est accolé, parce que l'esprit de corps de métier ne l'y pousse pas et qu'il n'y a aucun intérêt.

L'enfant, naturellement, n'éprouve pas le besoin de se comporter autre-

ment que son père et se conforme à
son exemple.

Au lieu de lui ouvrir l'horizon de
la profession, on le lui ferme. Il ne
demande, en conséquence, qu'à
s'affranchir au plus tôt de la contrainte
scolaire. Cette libération prématurée
n'arrive que trop vite. Elle conduit
à la nostalgie précoce de l'apprentissage.

Les parents contribuent à la dé-
terminer en se hâtant de mettre
l'enfant à la tâche, pour ne pas avoir
à payer les frais de son instruction
d'avenir.

L'enfant manie ainsi l'outil avant
de le connaître. Il ne parvient, de la
sorte, qu'à être un très-médiocre artisan.

Les enquêtes instituées à cet
égard constatent à l'unanimité le
résultat que je signale.

Elles établissent toutes que la décadence du travail manuel provient uniquement de l'insuffisance de l'apprentissage, et que celui-ci procède du défaut général d'instruction professionnelle.

Là encore, ce déplorable effet a pour cause l'isolement de l'artisan. Livré à lui-même, aux hasards du salaire, de l'offre et de la demande, sans appui, sans stimulant et sans but, il se moque du métier... quand il ne le méprise pas.

Il ressemble à ces pauvres facteurs ruraux qui recommencent chaque matin le chemin qu'ils ont fait la veille, et ne se trouvent pas plus avancés, au bout de trente ans de pérégrinations piètrement soldées, que s'ils les entreprenaient pour la première fois.

Ainsi privés des avantages matériels et des ressources économiques, de l'instruction professionnelle, des encouragements, du ressort de l'émulation que leur procurerait une solidarité constituée sous forme de corporation, les ouvriers ne sont que trop souvent portés à se jalouser les uns et les autres, sans chercher à rivaliser d'intelligence et d'habileté.

Ceux d'entre eux qui parviennent à sortir de la gêne deviennent, parfois, l'objet d'une envieuse animosité.

De là naissent des conflits d'atelier, d'usine, de chantier, qui, dans certaines régions, dégénèrent assez fréquemment en luttes sanglantes.

Aucune autorité ouvrière n'est apte à les arrêter. En réalité, il n'y a pas de supériorité acquise qui puisse exercer de droit une influence sur ce milieu.

La hiérarchie des dignités et des fonctions, basée sur celle du travail, a cessé d'exister. Personne, dans ce monde-là, n'a eu à faire ses preuves de capacité devant un jury.

Le hasard, la faveur, les aptitudes qui ne sont pas exclusivement professionnelles, décident presque seuls de la fortune exceptionnelle d'un ouvrier.

Aux yeux de la classe à laquelle il appartient, il n'y a jamais que deux catégories de travailleurs : ceux qui réussissent et ceux qui ne réussissent pas.

Les premiers ont de la chance, dit-on. Du mérite on ne veut pas parler. D'ailleurs il n'est pas établi par un diplôme corporatif.

Les seconds ne sont pas heureux, répète-t-on. C'est le mot du pessimisme courant.

Quant aux rapports existant entre les patrons et ceux qu'ils emploient, ils laissent considérablement à désirer, parce qu'ils ne sont pas déterminés sur une réglementation professionnelle.

Les dissentiments qui peuvent s'élever entre eux se produisent bien devant les tribunaux spéciaux.

Mais les causes générales de l'antagonisme échappent à cette juridiction. Elles tiennent principalement à ce que l'ouvrier qui n'acquiert pas de capital, ou ne possède pas de pécule, n'a pas la plus petite perspective d'avancement régulier dans sa modeste carrière.

Il s'en prend aux patrons d'une inégalité choquante de position, qui n'est que le résultat de l'état social.

Sa prééminence l'offusque souvent.

Elle ne lui paraît fondée que sur l'argent.

En nourrissant contre lui une hostilité systématique, il est porté à lui refuser son concours et à lui susciter des embarras.

Que de fois n'a-t-on pas vu l'ouvrier mettre littéralement son patron en quarantaine, lui dicter des conditions, chercher à le soumettre au progrès de *l'impôt progressif* du salaire !

Le patron d'un ordre inférieur se trouve contraint, pour ne pas capituler, de traiter son auxiliaire récalcitrant avec la rigueur dont il est l'objet de sa part.

Généralement, le grand industriel est à l'abri de ces avanies.

Il dispose de ressources financières, et d'un matériel qui lui permettent de faire échec au mauvais vouloir de ceux dont il a besoin, pourvu que ce mauvais vouloir ne se manifeste pas par des coalitions et par des grèves.

En pareil cas, il subit presque toujours la loi du nombre.

A cette force numérique l'*Internationale* emprunte sa formidable puissance d'action.

Le socialiste Bébel le disait un jour : « Nous avons pour nous les masses, nous parviendrons bien à les enregimenter et à les jeter tête baissée sur l'ennemi. »

Cette parole s'est vérifiée en 1871.

L'Internationale est venue battre le *rappel* de l'insurrection dans la capitale du monde moderne. Ses légions sont sorties tout armées du sol de Paris, en chantant la *Marseillaise de la guerre sociale* : ce qui a conduit leurs soldats d'une lutte fratricide à la barre des traîtres, de cette barre à Nouméa ou au poteau d'exécution.

Les ouvriers ont eu leur révolution ; mais celle-ci n'a pas mis un terme à l'antagonisme qui l'avait, en apparence, au moins motivée.

Dans son livre sur *la capacité des classes ouvrières*, Proudhon en donne une raison topique :

« Ce qui a créé la distinction toute
« nouvelle , inconnue même aux
« temps féodaux, de classe bourgeoise
« et de classe ouvrière ou prolétaire,
« c'est le droit inauguré en 89.

« Avant 89, l'ouvrier existait dans
« la *corporation* et dans la *maîtrise*,
« comme la femme, l'enfant et le
« domestique dans la *famille*. Alors
« en effet il aurait répugné d'admet-
« tre une *classe de travailleurs* en

« face d'une classe d'*entrepreneurs*,
« puisque celle-ci était censée con-
« tenir celle-là.

« Mais, depuis 89, le faisceau des
« *corporations* ayant été *brisé* sans
« que les fortunes et conditions entre
« ouvriers et maîtres fussent deve-
« nues égales, sans que l'on eût rien
« *fait ou prévu pour la distribu-*
« *tion des capitaux*, l'organisation
« de l'industrie et les droits des tra-
« vailleurs, la distinction s'est éta-
« blie d'elle-même entre la classe
« *des patrons détenteurs des ins-*
« *truments de travail, capitalis-*
« *tes et grands propriétaires*, et
« *celle des ouvriers simples sala-*
« *riés.*

« *Nier aujourd'hui cette distinc-*
« *tion des deux classes*, ce serait faire
« *plus que nier* la raison qui l'amena

« et qui ne fut qu'une grande ini-
« quité. »

Cette iniquité pèse sur notre monde économique depuis 85 ans. Il en résulte que ces révolutions se multiplient, Messieurs, en raison inverse des réformes sociales. C'est la loi historique.

L'antagonisme de la classe ouvrière contre la société se manifestera tour à tour sous formes de grèves formidables ou de saturnales insurrectionnelles, tant qu'on n'aura pas remplacé ce qu'on a détruit par quelque chose de semblable ou par ce qui existait antérieurement.

Or, la haine de classe, Messieurs, c'est la barbarie du monde civilisé ; c'est la *dynamite* du progrès, puisqu'elle fait sauter l'édifice de la société, et condamne les hommes à rebâtir ce qu'ils avaient bâti ; quand ils devraient augmenter le nombre de leurs monuments.

Nous traversons, depuis un siècle bientôt, une crise exceptionnelle, qu'on peut appeler la *crise du travail*.

Il est juste de reconnaître que de nombreuses tentatives ont été opérées, dans ces derniers temps surtout, pour diminuer l'antagonisme que nous déplorons, en atténuant l'individualisme qui le produit.

Ces tentatives se sont, par malheur, presque toutes effectuées dans un ordre d'idées étranger à la reconstitution de la classe ouvrière sur la plus solide de ses bases, celle de la tradition.

Elles ont été, pour la plupart, sans résultat, parce qu'elles ne reposaient pas sur un ensemble d'intérêts propres à un groupe déterminé de travailleurs.

Ces associations formées dans des conditions insuffisantes sont bien arrivées à remplir le but réstreint qu'on s'était proposé d'atteindre.

Mais elles ne sont pas parvenues à restituer aux corps de métier la *personnalité morale* qui est seule capable de lui rendre les éléments de l'éducation, de l'initiation, de l'apprentissage, de la discipline, de la hiérarchie de l'art industriel.

L'impuissance de l'association, établie d'après les principes généralement en faveur, est un fait acquis pour les économistes de toutes les écoles, depuis Proudhon jusqu'à Joseph Garnier, depuis Frédéric Bastiat jusqu'à M. Leplay.

III.

Eh bien ! au spectacle attristant de l'anarchie ou de l'impuissance d'un siècle qui se croit si fort en *thème social*, opposons celui de l'ordre et de la vitalité qui se rencontraient dans la classe ouvrière, à une époque où il n'était pas nécessaire d'agiter la question qui nous occupe, parce qu'elle était résolue dans la continuité d'un progrès conservateur.

Reportons-nous à ce Poitiers de nos pères, à ce Poitiers qui, de capitale d'une vaste, antique et glorieuse province, est devenu le chef-lieu d'un de nos départements de deuxième classe.

Il possédait alors, à côté des éléments disparus de l'existence communale la plus florissante, une foule de corporations ouvrières.

Chacune de ces corporations formées à Poitiers comme ailleurs, sur le même type, comprenait les apprentis de première, de seconde et même de troisième année, les compagnons, les aspirants à la maîtrise, les patrons et les jurés.

Cette gradation d'emplois, de fonctions et de titres s'adaptait à merveille aux conditions du travail et aux intérêts de ceux qui s'y livraient ou le dirigeaient.

Prenons au hasard la corporation des ouvriers pâtissiers.

Pour avoir le droit d'en faire partie à un degré quelconque, il fallait être de bonne *fame*, c'est-à-dire de bonne réputation.

L'examen de vie et mœurs se passait devant un sergent de la cour de l'hôtel de ville.

La commune s'associait aussi à ces actes de la vie individuelle. Elle se portait garante de la moralité soumise à son appréciation. Du premier coup le néophyte de la corporation sortait de l'isolement si préjudiciable, dans notre temps, à l'authenticité de sa moralité.

L'examen définitif de capacité comportait un programme très-varié, fort étendu, difficile à remplir. — Le plus pauvre des compagnons était admis à le subir.

Le plus riche des apprentis n'était accepté comme maître ou juré qu'après avoir passé par la filière des épreuves proportionnelles à l'importance du grade qu'il voulait obtenir.

Lorsque le dernier examen était terminé à l'avantage du candidat, les examinateurs adressaient un rapport au maire. Le récipiendaire lui était ensuite présenté. Les parrains, le maire, les dignitaires de la corporation assistaient au banquet d'intronisation.

Voilà, Messieurs, de quelle manière

un artisan s'élevait dans la hiérarchie de son état.

Moralité certifiée, capacité prouvée, garanties fournies, valeur profession-nelle légalisée : tels étaient les élé-ments d'une bonne situation ou-vrière.

Empruntons un autre exemple à la corporation des ciriers. J'ai entre les mains un document inédit conte-nant les statuts relatifs à la commu-nauté des maîtres, jurés, compagnons, apprentis ciriers de Poitiers.

L'ordonnance qui les fixait à nou-veau dans la seconde partie du règne de Louis XIV, par suite de réformes opérées, renferme 17 articles. En voici la substance : Deux maîtres jurés élus comme les plus capables par les membres de la corporation réunis en assemblée générale, sont préposés pour une année aux examens.

Quiconque ne jouit pas d'une réputation intacte est exclu du droit de se présenter, même comme candidat à l'apprentissage.

Les patrons ne peuvent prendre aucune mesure de rigueur à l'égard de leurs subordonnés, sans avoir, au préalable, exposé les motifs de leur détermination devant les jurés de la corporation.

Quiconque ne peut faire les preuves *de bonnes vie et mœurs* est privé de la faculté de se présenter même comme candidat à l'apprentissage.

Le procureur du roi, renforcé d'un sergent de l'hôtel de ville, est chargé de pourvoir à l'exécution des règlements approuvés par la commune et le conseil d'Etat.

La confection des *chefs-d'œuvre* ne devait s'effectuer que d'après un programme préparé par des artisans d'élite.

Le fils d'un patron était obligé de subir son examen de capacité comme n'importe quel enfant d'artisan, pour se créer une position professionnelle.

L'égalité devant le brevet, devant le jury, devant l'examen, était donc le principe de la constitution corporative.

Il y avait dans le règlement dont nous parlons bien d'autres prescriptions favorables à la qualité du travail, et à la sécurité des ouvriers, à la justice distributive, que je regrette, Messieurs, de ne pouvoir mettre sous vos yeux.

Ce que je désirais sommairement vous signaler se résume dans quelques lignes empruntées à l'*Histoire des classes ouvrières* écrite par le savant M. Levasseur, de l'Institut, économiste, d'ailleurs, hostile aux principes que nous soutenons.

« La corporation, lit-on dans son
« ouvrage, a été la sauvegarde et la
« tutrice de l'industrie. Elle a ensei-
« gné au peuple à se gouverner lui-
« même.

« Elle a fait plus, elle a donné
« aux artisans, des dignités, la
« science du métier, les secours
« d'argent, les joies de la fraternité
« dans le sens étendu du mot, par
« ses fêtes, ses réceptions, ses exa-
« mens. Elle a été la *grande affaire*
« *des petites gens*, la source de
« leurs plaisirs, l'intérêt de toute
« leur vie. »

Chacune de ces paroles exigerait à elle seule un commentaire approprié aux défectuosités qui se rencontrent, dans notre temps, à cet égard

Je ne relève, incidemment, que ces deux lignes : « La corporation a appris au peuple à se gouverner. » Il ne le sait plus. Les révolutions semblent même faire craindre qu'il ne soit devenu ingouvernable.

« La corporation, ajoute M. Levasseur, a été la grande affaire des petites gens. »

Ce qui veut dire la chose éminemment démocratique.

Or, la grande affaire des petites gens, c'est maintenant l'isolement.

Comparez, Messieurs, le présent au passé, et jugez lequel des deux vaut le mieux.

Je livre cette appréciation peu suspecte à vos méditations.

IV.

On ne doit pas se dissimuler, pourtant, qu'à côté des défauts, qui furent, du reste, fréquemment corrigés par la transformation des règlements, la corporation avait un vice rédhibitoire.

C'était le *monopole*.

« Ce monopole, toutefois, dit encore M. Levasseur, ne laissait pas « que d'être justifié dans un temps où « le travail était extrêmement cons- « ciencieux, où les débouchés étaient « extrêmement difficiles, où la vie « locale était très-limitée... Ce mo- « nopole pouvait être détruit sans que « la corporation fût supprimée. »

Pourquoi ? M. Levasseur ne s'en explique pas. Nous devons le faire d'un mot, en affirmant que la corporation avait sa raison d'être dans le besoin qu'éprouvent les individus qui exercent la même profession de se donner une existence sociale qui leur soit commune, dans les traditions suivies en Grèce, à Rome, au milieu des Gaules, chez presque tous les peuples de l'antiquité civilisée, dans le principe de la solidarité humaine, dans le sentiment du patriotisme, dans l'organisation civile établie par le christianisme.

La corporation était alors, comme elle l'est encore, comme elle le sera toujours, de nécessité sociale.

Son abolition fut, comme celle de la royauté, un crime de lèse-nation.

L'Assemblée constituante le commit en 1791, en décrétant, sous l'impulsion des radicaux *de la première heure*, que toutes les communautés ouvrières étaient supprimées.

Le jour où ce décret fut rendu, confesse un historien des classes ouvrières peu favorable à nos opinions, M. Cellier, ce jour-là ne fut pas salué *comme faisant époque dans l'histoire de l'affranchissement du peuple.*

La liberté illimitée du travail ne fut généralement reçue par les ouvriers qu'à contre-cœur; car, à leurs yeux, cette liberté n'était pas seulement *l'anarchie—c'était l'isolement.*

Eh bien ! Messieurs, cette liberté, plus généreux, plus sages, plus expérimentés que les fauteurs de la Révolution, nous conservateurs chrétiens, nous ne voulons pas la détruire. Nous voulons, au contraire, la restaurer.

Elle fut méconnue, dédaignée ou mal comprise par les anciennes corporations. Nous la proclamons, nous, indispensable à notre temps. Ce qui lui est aussi nécessaire, c'est que la classe ouvrière ne ressemble pas à la nation juive après la prise de Jérusalem, et qu'elle ne soit pas condamnée comme elle au parasitisme social.

C'est pourquoi nous nous permettons de proposer le rétablissement des corporations ouvrières dans des conditions conformes aux exigences de notre temps.

Le défaut capital de la corporation ancienne, c'était d'être *fermée*.

Le principe de la corporation moderne, ce serait d'être *ouverte*.

Avec la corporation *fermée* on avait le monopole, qui mettait obstacle à la concurrence la plus légitime.

Avec la corporation *ouverte* cesse le monopole. Le travail reste libre, la concurrence est accessible à tout le monde.

Dans la corporation *fermée* dominaient fréquemment l'esprit de routine, d'exclusion et d'injustice. La corporation *ouverte* est destinée à se renouveler constamment par le recrutement du concours.

Avec la corporation *fermée* se manifestaient les compétitions de coterie, se produisaient les abus de pouvoir.

Avec la corporation *ouverte* nous aurons le quadruple contrôle de l'Etat, de l'opinion, de la Presse, de la concurrence.

La corporation, à côté des inconvénients que nous venons d'indiquer sommairement, avait l'avantage immense de procurer à chaque groupe de travailleurs une autonomie complète, qui constituait une véritable représentation des intérêts ouvriers.

La corporation ouverte peut réunir toutes ces conditions. Ajoutons-y l'incomparable avantage qu'elle aurait de préserver l'ouvrier de l'isolement qui le diminue, de la concurrence qui le décourage, de l'asservissement qui l'irrite. Elle lui rendrait son *état civil* de travailleur.

La nécessité du rétablissement des corporations, à défaut des preuves que nous venons de donner, pourrait, du reste, se démontrer par le mouvement d'opinion qui s'est produit à la fois chez les conservateurs et chez leurs adversaires depuis quelque temps.

Les premiers demandent que, sans revenir aux errements du passé, on imprime à l'association ouvrière le caractère d'une institution pourvue de tous les droits qui lui sont néces saires pour fonctionner, par elle-même, avec l'autorisation légale.

Les seconds veulent s'arroger ces droits indépendamment de tout concours de la société, de l'Etat et de la législation , en constituant la corporation sur le principe de la commune révolutionnaire.

Il y a là un danger que nous ne saurions conjurer qu'en prenant la direction de l'entreprise formée contre nous.

Les conservateurs n'y pensent pas assez, Messieurs. Dans notre siècle, tout ce qui ne se fait pas par eux, se fait contre eux.

Le congrès ouvrier organisé l'année dernière à grand bruit a formulé plusieurs fois le vœu relatif à la création de corporations révolutionnaires, en affirmant que l'association était un palliatif insuffisant à l'impuissance que compromet l'existence sociale des ouvriers.

Quelques députés de l'extrême gauche, appartenant à la majorité de la Chambre *dissoute le 27 juin*, ont présenté, au commencement de l'année 1877, un projet de loi dans lequel il était déclaré « qu'en raison de la situation sociale des ouvriers, l'apprentissage était dans un état déplorable, et que l'Assemblée qui avait aboli les corporations en 1791, n'avait *rien su mettre à la place* ».

Les conservateurs sont autorisés, ce semble, à en dire autant.

Nous croyons devoir, quant à nous, tirer les conséquences pratiques de l'ensemble d'idées que nous venons d'exposer, dans les termes suivants :

« Considérant qu'en vertu des

« traditions, des lois , des nécessités,
« de la solidarité professionnelle, tous
« autres droits de l'Etat sauvegardés,
« chaque corps de métier doit être en
« possession d'une autonomie qui
« en fasse une *personnalité morale*,
« offrant des garanties, représentant
« des intérêts, ayant une hiérarchie
« du travail accessible à tous ceux
« qui remplissent les conditions
« voulues, n'exerçant aucune sorte
« de monopole, adaptée aux mœurs,
« aux besoins, aux goûts de notre
« époque, nous demandons que les
« ouvriers recouvrent la faculté qui
« leur a été arbitrairement enlevée de
« vivre sous le régime des corpora-
« tions.

Telle est notre conclusion.

En 1844, Lacordaire, le restau-
rateur des Frères-Prêcheurs de

saint Dominique, en France, écrivait à un de ses amis :

« J'ai pu montrer dans les rues, dans les salons, en chaire, un habit religieux disparu depuis cinquante ans. Il a fallu pour cela *un grand concours de circonstances.* »

C'est sur ce grand concours de circonstances, avec l'aide de Dieu qui en est le souverain artisan, que nous devons compter pour arriver au rétablissement des corporations ouvrières, non plus *fermées mais ouvertes.*

La fin du XVIII° siècle, vous le savez, Messieurs, fut l'époque des libertés perdues.

Travaillons à ce que la fin du XIX° siècle soit l'époque des libertés reconquises.

La corporation était une *liberté.*

Il nous appartient de la restituer.

à la classe ouvrière , en lui disant :
« Garde-la comme un parchemin de fa-
« mille providentiellement retrouvé.
« Ce que la Révolution t'avait pris,
« la France conservatrice te le rend. »

DEUXIÈME CONFÉRENCE

DE LA POSSIBILITÉ

DU RÉTABLISSEMENT

DES CORPORATIONS OUVRIÈRES

I.

MESSIEURS,

Nous avons précédemment envisagé le rétablissement des corporations au point de vue de l'impuissance à laquelle est condamné l'ouvrier depuis qu'une législation destructive de tous les principes de la famille des travailleurs l'a conduit à ne faire plus que *nombre* dans cette France, où, des siècles durant, il avait été considéré comme le représentant d'une portion des intérêts nationaux.

Je m'étais attaché à démontrer la nécessité de ce rétablissement en traçant une esquisse de la situation ouvrière, en comparant le présent au passé, en déterminant la raison d'être humaine et sociale qui leur était propre, en invoquant le témoignage d'économistes hostiles à nos doctrines, en traduisant les aspirations de la classe laborieuse, en indiquant les dangers qui nous menaçaient si nous laissions le radicalisme prendre l'initiative du mouvement qu'il était de notre devoir de diriger à notre profit, enfin en formulant une proposition qui tendait à la reconstitution des corporations abolies, sur des bases conformes aux besoins de notre temps.

Il s'agit aujourd'hui, Messieurs, de prouver la possibilité de la reconstitution des corporations.

Pour atteindre ce but je vais tout simplement montrer comment, grâce à des modifications plus ou moins considérables, en rapport avec la nature de la corporation débarrassée du *monopole*, on se trouverait à même d'adapter la plupart des règlements en usage dans les groupes ouvriers de l'ancienne France, aux exigences de la nouvelle.

Nous procéderons par la *méthode d'adaptation*. Il n'y en a pas de meilleure, parce qu'il ne s'en rencontre pas qui tienne compte plus exactement des lois de l'*hérédité sociale*.

II.

Quelles étaient autrefois les conditions générales de l'organisation ouvrière ? Comment doit-on les transformer à notre usage ?

Quelles étaient naguère les conditions particulières de l'existence des corporations ouvrières établies, par exemple, à Poitiers ? De quelle manière parviendrait-on à les renouveler ?

Telles sont les deux questions que nous avons à nous poser, non sans espoir de les trancher.

L'organisation générale des corps de métiers comprenait *les apprentis, les compagnons, les aspirants à la maîtrise, les patrons.*

L'apprentissage commençait entre douze et quatorze ans.

Il en est à peu près de même, à présent : rien ne s'oppose à ce qu'on maintienne ce point de départ de la carrière ouvrière.

C'est un premier trait d'union entre l'ordre de choses détruit et celui qui existe.

La durée de l'apprentissage variait selon les difficultés qu'imposait l'éducation professionnelle. On ne se comporte pas autrement à notre époque, ou plutôt il s'y manifeste un abus qui la rend inférieure à celle qui l'a précédée.

On est trop pressé de gagner de l'argent. On ne se donne pas le temps, d'apprendre son métier.

L'insuffisance du travail préparatoire est de notoriété publique. Elle est même le signe d'une décadence

2*

de l'art industriel qui compromet notre réputation séculaire.

Nous n'aurions en conséquence, qu'à bénéficier d'un retour à la pratique de nos pères.

Autrefois l'apprenti n'était admis dans l'atelier, suos cette dénomination, qu'après avoir subi une sorte d'examen de métier ou d'aptitudes.

Cette coutume était excellente. Nous avons le tort de ne la suivre que de très-loin et seulement pour quelques professions de choix. Les formalités auxquelles étaient soumis les apprentis, avant d'entrer dans la corporation, étaient par trop sévères, à certains égards.

Mais elles produisaient, par la suite, des résultats extrêmement avantageux. Elles inspiraient sur-
tt à l'enfant un sentime

élevé de la profession qu'il devait embrasser.

Il devenait l'initié de la première heure.

Un apprenti se place et se déplace actuellement comme un outil. Les maîtres et les contre-maîtres, qui s'attendent à cette versatilité, se décident difficilement à former des élèves qui déserteront leurs bancs au gré de leur fantaisie ou selon les caprices de leur famille.

Là aussi nous sommes en défaut.

L'apprenti qui, dans le bon vieux temps, ne répondait pas, soit par sa conduite, soit par son travail, aux vues formées sur lui, par ses patrons, était rendu à ses parents, en moyenne, au bout d'un an.

Cette reconvention s'opérait, toutefois, assez rarement, par cela même que les enfants n'étaient, en général, confiés qu'en connaissance de cause, aux soins d'un patron émérite.

A part quelques articles surannés, la vieille législation serait parfaitement en rapport avec les nécessités de la corporation reconstituée dans l'esprit moderne qui passe pour être le plus libéral.

Les charges imposées jadis aux maîtres ouvriers étaient très-lourdes. Les apprentis devaient être hébergés par eux et défrayés de toute dépense. Leur nombre était limité, en outre, par les règlements, sous peine d'amende.

On ne saurait désormais revenir à une pareille pratique, au moins d'une manière absolue, quoiqu'elle soit peut-être la plus propre à rendre les apprentis et les patrons solidaires les uns des autres en les faisant vivre de la même vie de famille.

Mais il serait équitable d'adopter les mesures qui contraignaient l'apprenti, son instruction une fois achevée, à subir un stage dont la prolongation était proportionnée à la capacité professionnelle et à se préparer, de cette façon, à franchir la distance hiérarchique qui le séparait de celui qui prenait le titre de *compagnon*.

III

Le compagnon était l'ouvrier en pied. Il avait le rang de soldat de première classe dans la corporation. Sans qu'il pût toujours atteindre le degré de la maîtrise, il se trouvait honorablement posé. L'apprenti travaillait sous sa surveillance et même sous sa direction. Le compagnon remplissait le rôle d'instructeur en sous-ordre.

Ses collègues lui étaient unis par les liens d'une fraternité professionnelle des plus intimes, en qualité de *garçons du devoir.*

Ils se reconnaissaient partout entre eux à des signes qui demeuraient leur secret. Ils contractaient des obligations réciproques dont la violation était regardée comme un crime de haute trahison corporative et qui tendaient toutes à l'assurance mutuelle, dans le travail, dans le besoin, dans les maladies, dans l'hospitalité, dans les voyages.

A l'aide de ce compagnonnage qui dépassait les bornes d'une commune, comme les frontières d'un royaume, les ouvriers pouvaient, en partant de Poitiers, ou d'ailleurs, exécuter ces *pèlerinages du métier* qui leur fournissaient le moyen de beaucoup savoir en voyant beaucoup, et d'acquérir une expérience résultant d'études comparées qui leur manque généralement aujourd'hui.

Le compagnonnage avait ses abus. L'abus est la *maladie de la vigne humaine*. Dans le cas qui nous occupe il provenait de l'espèce de franc-maçonnerie qui s'était établie.

Les compagnons du devoir lorsqu'ils étaient mécontents d'un maître, lançaient contre lui une sentence d'interdit et se révoltaient souvent contre la magistrature communale. Les divisions éclataient également chez eux, de temps à autre.

Mais, ces conflits et ces revendications ne sortaient pas du domaine corporatif ; la concorde et la subordination se rétablissaient aisément. Jamais les luttes engagées soit entre inférieurs ou supérieurs, soit entre égaux, ne dégénéraient en guerres civiles.

Les institutions ouvrières formaient le contre-poids social des abus.

L'ordre ne tardait pas à reparaître après quelques commotions passagères, comme dans les ruches où les soulèvements d'essaim troublent mais n'entament pas les institutions fondées sur la nature.

Le compagnonnage a survécu, chez les maçons et les charpentiers de certaines villes, à la destruction des corps de métier. C'est une preuve de sa vitalité originelle. On arriverait sans peine à l'empêcher de dévoyer si l'on prenait soin de le rattacher à la hiérarchie du travail reconstitué.

Le compagnonnage était à la fois un élément de solidarité, un degré de l'échelle ouvrière, le vestibule de la maîtrise.

Les réglementations anciennes interdisaient à ceux qui se trouvaient ainsi affiliés de tenir boutique, de se faire une clientèle, d'exercer leur état pour leur propre compte.

Ces prescriptions n'étaient pas dépourvues de sagesse. Dans ces temps où ils supportaient d'énormes charges, les patrons avaient bien le droit de se dédommager en gardant le monopole de la clientèle.

Le maître ouvrier, au 19e siècle, ne tolère pas, du reste, que les individus employés par lui marchent sur ses brisées et lui fassent concurrence.

Les *corporations ouvertes* seraient naturellement appelées à se prononcer sur leur matière délicate.

Il est évident que dès qu'on accepte le principe de la gradation qui tend à mettre chacun à sa place, il faut en subir les conséquences.

Les avantages qu'on en recueille-
rait compenseraient largement les
inconvénients qu'on y trouverait.

La vie, d'ailleurs, Messieurs, l'état
social, le gouvernement, la vertu,
le devoir, la richesse elle-même,
n'offrent-ils pas un ensemble d'inconvénients compensé par de nom-
breux avantages?

L'existence à l'air absolument
libre, se produit-elle pour un autre
que pour le sauvage, et le sauvage
qui croit posséder la faculté de tout
faire n'a pas, faute de médecin, celle
d'empêcher qu'une indisposition
légère se change en maladie mor-
telle.

Le bon sens élémentaire s'inscrit
en faux contre la liberté illimitée de
l'oisiveté aussi bien que du travail.
L'oisiveté sans frein mène à tous les

vices) le travail sans règle expose a tous les risques.

Pour éviter ces risques, les statuts des corporations conviaient les apprentis expérimentés et les compagnons éprouvés à poser leur candidature à la maîtrise.

Mais on ne pouvait se mettre sur les rangs, à Poitiers, par exemple, comme je le constate par des documents, extraits des archives nationales, qu'après avoir présenté des certificats de conduite irréprochable et de stage émérite.

Serait-ce trop exiger que de demander des garanties analogues de travail, à une époque de relâchement universel dans la main-d'œuvre?

Je laisse à la conscience de tout ouvrier le soin de répondre à cette question.

Quand la vérification des différentes pièces requises pour l'admissibilité à la candidature dont nous venons de parler s'était correctement effectuée, le compagnon ou l'apprenti aspirant à la maîtrise passaient un examen ayant trait à toutes les connaissances spéciales du métier qu'ils exerçaient.

Cette formalité n'aurait rien de choquant pour les ouvriers contemporains dans un pays tel que le nôtre, où le dernier commis de la plus infime des administrations les moins publiques, est obligé de comparaître devant un jury trop souvent composé d'hommes incompétents.

Après un examen de tout point satisfaisant, on était admis à confectionner le *chef-d'œuvre*.

Ce chef-d'œuvre était essentiellement caractéristique de l'état.

Pour celui de cordonnier, il con-

sistait, par exemple, dans notre capitale du Poitou, « à tailler et à cou-
dre une paire de bottes, de souliers
ou de mules sans modèle aucun ».

Le candidat restait sous clef, en loge
comme nous disons actuellement,
dans la maison du prévôt de la corporation.

Que de pieds contemporains, aux
protubérances douloureuses réclame-
raient avec raison, Messieurs, cette
preuve légale du chef-d'œuvre pour
avoir une chaussure ajustée à leur
configuration trop accidentée ?

Le patron du maître ouvrier n'exer-
çait à Poitiers que muni d'un diplôme
d'une valeur incontestable.

La corporation tout entière en
était responsable.

L'apprenti stagiaire, le compagnon, l'aspirant à la maîtrise eussent
été fort malvenus de considérer ce

diplôme du haut de la capacité qu'ils se seraient attribuée.

L'exécution avérée, légalisée, patentée du chef-d'œuvre, constituait un titre dont on s'estimait justement fier.

On n'aurait pas pu dire alors, comme on le fait à présent : « Le capital commande, le travail obéit. » L'argent ne dispensait pas de la science du métier. Il ne suffisait pas d'acheter un fonds pour l'exploiter. Le maître était de droit le premier ouvrier de son atelier comme un roi de France est, de naissance, le premier gentilhomme de son royaume.

Le patron se trouvait contraint de se soumettre à des prescriptions que repousseraient aujourd'hui de simples apprentis.

C'est dire que l'ancien régime n'était pas extrêmement tendre, comme les préjugés portent à le penser, pour l'aristocratie de l'outil.

Telles étaient, Messieurs, les conditions générales du travail. Il est ainsi facile de voir qu'elles pourraient s'adapter aisément à nos exigences modernes.

III.

Les lectures publiques ressemblent un peu aux opérations militaires. Il faut qu'elles s'accomplissent avec autant de précision que de rapidité.

La nomenclature détaillée des corporations locales demanderait plus de temps qu'une conférence tout entière.

Je me dispenserai donc de la présenter. Il me suffira de dire qu'à Poitiers, comme dans la plupart des villes de province, il y avait des corps d'état relatifs à la nourriture, aux boissons, à la fabrication et à la vente des étoffes, à la confection des vêtements, de la coiffure, de la chaussure, des ouvrages en bois, en fer, en acier, à la fonte des métaux, à la construction des édifices, à leur décoration à la verrerie, à la sculpture, à la peinture, à la médecine, à la chirurgie, à la pharmacie, à la droguerie, à la papeterie et à une multitude de petites industries.

Leurs statuts, très-variés dans les prescriptions professionnelles, offraient une analogie presque invariable dans leur économie fondamentale.

La hiérarchie du travail s'y trouvait constituée sur les mêmes principes. Les garanties imposées aux membres de la corporation ou fournies à leur clientèle étaient ordinairement identiques.

Ce qui distingue la réglementation du Poitou, c'est l'esprit de minutie. Les articles contenus dans le code spécial d'un corps d'état sont en moyenne au nombre de 20. On entre dans des détails omis ailleurs.

Tout est prévu, contrôlé, sanctionné. Il semble que la science du droit si brillamment cultivée dans l'antique et glorieuse université de Poitiers, ait pénétré jusqu'à la moelle les diverses constitutions ouvrières.

Les documents que j'ai sous les yeux montrent également qu'on apportait une vigilance extrême à la réforme des abus.

Leur texte établit que les remaniements législatifs ont été réclamés par les intéressés.

La municipalité ou l'Etat ne sont intervenus que sur les instances de ces derniers.

Charpentiers, couvreurs, cordonniers et autres représentants de l'industrie locale étaient évidemment animés du désir de maintenir les bonnes traditions, de gérer honnêtement leurs affaires, de pourvoir à des besoins nouveaux, de se mettre au pas de leur temps, enfin d'obtenir des améliorations progressives.

Ces louables dispositions ont échappé à la fièvre démocratique qui consume notre siècle. On les retrouve dans le chef-lieu de la Vienne.

Le sillon du travail est changé, la charrue qui le traçait est restée la même.

Aussi peut-on compter ici même, plus qu'en aucune autre ville de France, sur la reconstitution des corporations. C'est une bonne fortune rare que d'avoir été conduit, par les circonstances, à étudier une question dont la solution est en quelque sorte liée à l'esprit de tradition, de sagesse et de persévérance que distingue notre vieille cité.

Je soumets donc en toute confiance à votre jugement, Messieurs, le rapprochement que je vais faire pour ne prendre qu'un exemple, entre la situation qui était propre autrefois aux serruriers de Poitiers, et celle qui pourrait leur être donnée maintenant à l'aide d'un simple remaniement des statuts de la corporation ancienne.

V.

Les serruriers de notre ville étaient les vétérans de la phalange ouvrière. Dès le XIIIe siècle ils formaient une société en possession de ses priviléges.

Leur main-d'œuvre était si estimée que de Tours, de Bourges, de

Bordeaux, de Paris même, on leur envoyait des commandes.

Ils excellaient particulièrement dans la conjection des *pentures* de porte et des heurtoirs.

Ce qui ne gâte rien, ils jouissaient d'une réputation parfaite d'honnêteté.

L'honnêteté n'est pas à dédaigner pour une profession qui a le secret ou plutôt la clef de sûreté de l'entrée des maisons et de l'ouverture des coffre-forts.

Fidélité et discrétion, telle était leur devise. On la retrouvait sur leurs estampilles ou cachets de marque.

Leurs règlements étaient, sur certains points, d'une sévérité qu'on supporterait difficilement à notre époque.

Ainsi, sous peine d'amende ou de détention, il était interdit de procéder à l'ouverture d'un meuble ou d'une porté de maison, en l'absence de celui qui était propriétaire de l'un ou de l'autre

Il était également défendu, sous peine d'expulsion de la corporation, de fabriquer des clefs sur des modèles de cire ou de terre glaise.

Nous péchons, à présent, par un excès contraire, dans les grands centres surtout, en laissant aux serruriers une latitude d'opération qu'exploitent à l'envi les *chevaliers de la fausse clef.*

Comme le disaient naguère les habitants de Poitiers : « Métier de serrurier, métier subtil ».

« Les malandrins en profitent souvent plus qu'honnêtes gens. »

L'État et les communes prenaient leurs précautions pour épargner au public les inconvénients qu'auraient pu produire une pareille profession exercée par des artisans incapables ou sans foi.

La corporation elle-même avait à cœur d'offrir à sa clientèle toutes les garanties que celle-ci était en droit de réclamer sous le double rapport de la capacité et de la probité.

Les aspirants, apprentis, compagnons de la confrérie de *M. Saint Éloi* n'étaient autorisés à poser leur candidature à la maîtrise qu'après avoir fourni des références discutées en assemblée plénière de jurande.

En principe, aucune des prescriptions générales imposées aux serruriers de Poitiers avant 1791 ne serait incompatible avec leur situation présente.

On est même en droit d'ajouter que les représentants de la ferronnerie trouveraient plus d'un avantage à suivre les règlements autrefois usités.

Ainsi les marchands forains, *les malliers* ne pouvaient vendre à Poitiers des clefs de serrures sans y avoir été autorisés.

La corporation avait des délégués chargés d'examiner la valeur des pièces destinées au chaland qui, de cette façon, était certain, à la fois, d'en avoir pour son argent, et de dormir tranquille.

Un valet ou apprenti serrurier, soit à la tâche soit à la journée, ne pouvait vendre une clef sans la permission de son maître.

C'était là une prescription très-sage. Le trafic établi entre le public et les ouvriers aurait été préjudiciable à l'exploitation du patron en le privant d'un élément considérable de débit, et aux intérêts du public en laissant la facilité d'une contrefaçon des ouvrages exécutés pour un nombre déterminé de clients.

Vous rencontreriez, Messieurs, dans l'ancienne législation des serruriers, dix articles sur quinze, qu'il suffirait de retoucher légèrement pour les rendre acceptables à nos contemporains les moins accommodants.

La plupart des abus qui se sont manifestés naguère dans les corporations étaient inhérents à un état de mœurs disparu.

Ils n'ont plus, maintenant, de raison d'être.

Pour obtenir le titre de patron, il fallait subir trois examens de plus que dans les autres métiers.

Le programme imposé pour la confection du chef-d'œuvre était parfois si difficile à remplir que les concurrents se voyaient obligés de se désister.

En outre, quand on s'était permis

de tenter l'opération du chef-d'œuvre, et que la réussite faisait défaut, on était frappé d'une amende considérable.

Ce luxe de pénalité ne serait pas du goût de notre temps. Nous ne demandons pas qu'il soit remis en usage. Ce que nous serions désireux d'obtenir, c'est que la ferronnerie fût travaillée avec autant de soin, de méthode, d'art, qu'elle l'était à une époque antérieure.

Les clefs sont devenues très-portatives, les serrures solides et sûres. Mais les ferrures, les pertuis, les montants manquent absolument de physionomie et de cachet.

L'utile, qui ne devrait être, en cette matière, que le collaborateur de l'agréable, l'a complétement supplanté.

Cet abaissement de la serrurerie provient uniquement de ce que le chef-d'œuvre qui était le ressort du travail corporatif et de ce que la corporation, qui avait si bien compris la classe ouvrière, en rendant ce chef-d'œuvre obligatoire, ont entièrement disparu de notre société.

Pourquoi ne reviendrait-on pas à cet état de choses modifié selon les besoins du siècle ?

Le vice capital des corporations tenait, Messieurs, nous le savons, à ce qu'elles étaient *fermées*. L'abolition du monopole l'a radicalement détruit.

Le terrain est donc déblayé. Il serait facile d'y jeter les fondements d'un édifice nouveau.

La première pierre à poser, selon nous, celle que notre siècle prétend mettre à la base de tous ses monuments, la pierre angulaire de notre démocratie, c'est la liberté.

Nous restons ainsi dans l'ortho-doxie que s'attribue notre temps. Nous respectons ce dogme qu'il n'est pas indispensable de professer.

Ce qui vaut mieux encore, nous reconnaissons que si la production, la consommation, l'offre, la de-mande, sont plus variées, plus com-plexes, plus impérieuses qu'elles ne l'étaient antérieurement, leurs lois essentielles sont demeurées identi-ques à elles-mêmes.

Les conditions générales du travail n'ont donc pas changé puisqu'il faut toujours passer de l'état d'apprenti à celui d'ouvrier et qu'on est d'au-tant plus apte soit à diriger les ap-prentis, soit à former les ouvriers, en qualité de patron, qu'on connaît à fond le métier qu'ils exercent.

La possibilité du rétablissement des corporations ouvrières à Poitiérs est conséquemment démontré par l'état de choses actuel aussi bien que par l'état de choses ancien.

Mais on dira : « Croyez-vous que l'on veuille maintenant se soumettre à des prescriptions qui paralysent les mouvements de l'individu, au profit d'un groupe? »

Je réponds : La société, la patrie, la famille, la commune, ne forment-elles pas autant de groupes, auxquels chaque individu est contraint d'inféoder plus ou moins son existence?

Ces différents groupes imposent des obligations dont les gens sensés ne songent pas à s'affranchir, parce qu'ils en comprennent la nécessité et savent qu'elles sont destinées à produire une répartition de biens qu'il serait impossible de se procurer sans ce moyen.

Ils acceptent la loi de la patente

qui impose une restriction formelle à la liberté de l'ouvrier.

Ils ne se choquent pas de voir une quantité de professions subordonnées à des examens ou à des autorisations préalables.

L'établissement des machines à vapeur, l'exploitation des mines, des carrières, des tanneries, sont réglementés par une législation parfois gênante, sans qu'on pense à récriminer.

Nos théâtres de province ne connaissent que le privilége. Les directeurs, en les exploitant, exercent un véritable monopole.

C'est un monopole aussi dont l'inventeur acquiert la jouissance en recevant son brevet.

Une foule de restrictions atteignent les manufacturiers, les industriels. Le travail des enfants, les contrats d'apprentissage, sont soumis à des prescriptions très-minutieuses et souvent rigoureuses.

Anomalie digne d'attention : l'empreinte des *marques* de fabrique qui fut supprimée, en 1791, en même temps que la corporation parce qu'elle constituait un privilége a été rétablie partiellement, en 1857, totalement en 1874, par suite du préjudice que causait à l'industrie la liberté illimitée.

Un revirement identique de législation s'est produit pour les dessins de fabrique.

Avant 1791, ils étaient l'objet d'une exploitation exclusive pendant quinze ans. L'Assemblée constituante supprima ce monopole. Cette suppression mit en péril l'industrie de textiles à tel point qu'en 1806 Napoléon Ier le rétablit.

Que fit-il pour relever ce droit d'*ancien régime* ? Il se borna à l'approprier aux besoins des temps nouveaux. Il suivit la *méthode d'adaptation.*

C'est la nôtre. C'est celle que nous voulons appliquer au rétablissement des corporations.

Notre code commercial, notre code industriel, notre code du travail ne sont que la consécration de cette méthode d'adaptation inaugurée par Napoléon Ier.

A quel titre, en vertu de quel principe, au nom de quelle justice distributive voudrait-on nous refuser, à nous restaurateurs en instance de la société ouvrière, la liberté de la faire bénéficier du système d'appropriation dont notre pays tire instinctivement parti depuis 84 ans ?

Ah ? Messieurs, il faut bien le dire :

entre les adversaires de la thèse que nous soutenons, et les conservateurs, il y a un *abîme*, l'*abîme du mot*.

La Révolution l'a creusé avec une audace et une puissance infatigables, pour y jeter une à une toutes nos institutions.

En creusant l'*abîme du mot* elle en a créé la peur. Notre malheureux pays chemine depuis trois quarts de siècle entre ces deux gouffres.

Lorsque, las de ses bouleversements périodiques, il se met à regretter le passé qui en était exempt, la Révolution lui crie: « Prends garde, l'ancien régime est au bout de tes doléances. » C'est l'abîme.

Quand, fatigué d'innover sans fonder, notre temps se demande s'il n'y aurait pas moyen de renouer la chaîne de ses traditions, la Révolution lui crie : « Les grands principes sont en danger. Tu vas rouler dans le principe. »

Il arrive ainsi que le seul mot de corporation passe pour certaine gens à l'état de spectre.

On ne se donne pas la peine de réfléchir que le système de cette corporation est, en fait, sous des dé-nominations différentes, à peu près partout appliqué, excepté dans la classe ouvrière.

Il se rencontre dans les académies, dans les associations littéraires, scien-tifiques, religieuses, industrielles, économiques, financières, adminis-tratives, municipales. Il existe avec son vieux cortége de qualifications d'usages, de statuts, de costumes, au palais, dans toute la hiérarchie judiciaire et dans le personnel des officiers ministériels ou du barreau.

La corporation se révèle de la

3*

sorte comme certaines plantes vivaces jusqu'au milieu des décombres qui menacent de l'écraser.

Il semble que cette idée soit indestructible, chez l'homme, comme son besoin de sociabilité.

Phénomène qui prouve qu'ils n'ont pas la vérité pour eux, ce sont les défenseurs des prétendus droits de l'homme moderne, ce sont les intarissables avocats de la cause démocratique qui s'acharnent à priver l'ouvrier de la liberté de la corporation. Ils lui font un épouvantail du mot, alors que la chose lui serait nécessaire pour retrouver sa carrière professionnelle, son autonomie du travail, sa vitalité sociale.

Ils le réduisent à l'état de déclassé à perpétuité.

Ils le jetteraient plutôt dans les bras de l'*Internationale* que de lui accorder la faculté de rentrer dans le giron de la corporation parce qu'elle s'appelle ainsi.

On peut les défier de trouver ou de donner une autre raison de leur exclusivisme.

Les intérêts de l'ouvrier n'y sont pour rien puisque nous avons démontré qu'ils étaient mieux sauvegardés dans les siècles précédents que dans le nôtre, par les institutions abolies.

Les droits de l'État n'entrent pas en ligne de compte, puisque, d'après les doctrines du faux libéralisme, l'État c'est l'ennemi.

Le progrès du travail ne tient pas plus de place dans cette théorie, puisque, par suite de notre organisation présente, il s'immobilise au lieu de marcher.

Malgré tout, vous les voyez aujourd'hui, ces prétendus amis du pauvre, vous les verrez demain ces Pharisiens de la cause ouvrière, vous les entendrez toujours jeter l'interdit sur les corporations, par cela seul qu'elles ont eu l'impertinence de durer sept siècles avant eux.

La France, elle a duré 1400 ans, sans eux fort heureusement. Voudraient-ils donc la supprimer, un jour, parce qu'elle est trop vieille?

Qu'ils le veuillent ou non, peu nous importe.

Ils ne le pourront pas.

Nous pourrons, nous, au contraire, si nous le voulons, restituer légalement, pacifiquement, méthodiquement, à l'ouvrier son droit national à la corporation.

Mais pour y arriver il y a certains moyens à prendre.

Je me propose de vous les indiquer,

Messieurs, dans une prochaine conférence.

Dans la première j'ai démontré la
nécessité *du rétablissement des corporations ouvrières*. Je viens *d'en
établir la possibilité* dans un second
entretien. Nous aurons à chercher,
dans le dernier, de quelle manière
pratique on aurait chance d'arriver
à réaliser le projet que nous avons
formulé.

L'étude approfondie du passé ins-
pire fréquement, Messieurs, le scep-
ticisme du présent.

C'est particulièrement ce qui se
produit au lendemain du déluge qui
a noyé toute une société.

L'amour inconsidéré du présent
engendre, d'autre part, le sceptisme
du passé.

On se figure aisément que le

continent sorti des eaux ne date que du moment où elles se sont abaissées.

Des deux côtés on se trompe. Le présent n'est, à vrai dire, que l'arbre *de transmision* du passé.

TROISIÈME CONFÉRENCE

DE LA FACILITÉ

DU RÉTABLISSEMENT

DES CORPORATIONS OUVRIÈRES.

I.

Messieurs,

L'étude que nous venons de faire
a pu produire sur vous le même
effet que sur beaucoup de ceux qui
s'y sont antérieurement livrés.

Elle vous a d'abord séduits par son
caractère historique. Elle vous a,
ensuite, attirés par le spectacle des

ressources multiples que procurait autrefois, aux artisans de la dernière comme de la première catégorie, une institution actuellement réduite à l'état *de fossile* social.

Peut-être vous êtes-vous trouvé sur le point de vous en tenir à une admiration stérile de ce que n'existait plus, sans vous préoccuper de poursuivre l'application pratique des idées qui vous avaient été suggérées.

Vous avez failli peut-être succomber à la grande tentation du siècle : celle du regret superflu.

Le regret, pour la vie comme pour la conscience, ne mène à rien lorsqu'il n'a pas pour but la réparation d'une faute commise.

La faute commise, nous l'avons constaté, c'est la suppression révolutionnaire des corporations ouvrières.

En nous pénétrant de la gravité du préjudice qu'elle avait causé à une partie considérable de la société, nous en sommes arrivés à comprendre la nécessité du rétablissement des corporations ouvrières.

En nous rendant un compte exact de cette nécessité, nous en sommes venus à nous demander si la reconstitution du passé ne serait pas possible dans des conditions nouvelles.

Cette possibilité nous ayant été démontrée, il s'agit de savoir s'il n'y aurait pas moyen d'essayer, dès maintenant, à Poitiers, une réorganisation jugée nécessaire.

Ce sera le sujet de cette conférence.

La société actuelle nous offre pour les corporations quatre éléments de reconstitution.

Le premier provient de l'Etat; le second se trouve dans l'initiative individuelle; le troisième appartient à certaines associations; le quatrième est fourni par les œuvres ouvrières.

Ces éléments, je me hâte de le dire, n'ont pas, selon le langage de la chimie, le caractère d'équivalents de composition.

II.

L'Etat laisse à désirer à beaucoup d'égards. Sous l'ancien régime sa prépondérance était limitée par les pouvoirs politiques, religieux, civils, qui possédaient une vie propre et s'appuyaient sur lui sans s'absorber dans sa personnalité.

La Révolution en fait un Minotaure toujours prêt à dévorer ce qui réclame son concours.

Quand il ne se livre pas à ses appétits monstrueux, il veut être le ressort unique de tous les mécanismes particuliers. Il prétend exercer un droit de haute et basse justice sur les institutions qui pourraient parfaitement se mouvoir dans une sphère éloignée de la sienne sans renoncer cependant à tourner, à distance, dans son orbite.

L'Etat a évidemment une raison d'être, puisqu'il représente sommairement les intérêts matériels et moraux de notre pays. Son intervention dans les affaires générales produit des garanties de sécurité, de sagesse, d'organisation, qu'il serait difficile de rencontrer ailleurs.

Même en cherchant à se passer de son action directe, il est impossible de se passer de son approbation. Elle est, au reste, exigée par la loi.

En revanche, cette loi communique aux communautés qui savent en bénéficier, une vigueur d'existence qu'elles ne puiseraient peut-être pas en elles-mêmes.

Beaucoup de ces communautés sont simplement reconnues. Elles ont un état-civil. Beaucoup d'autres sont déclarées d'utilité politique. Elles jouissent du privilége d'un diplôme.

Nous voudrions que les corporations ouvrières, au cas où elles seraient remises sur pied, fussent appelées à profiter de cet avantage.

En France il est considérable. Le peuple le moins gouvernable de l'Europe, au point de vue de la forme politique, depuis qu'il a rompu son pacte historique, est, au fond, d'une docilité, d'une complaisance, d'une abnégation de Chinois, pour l'autorisation qualifiée de légale. La patente lui en impose. Elle tient lieu, pour lui, de nombre de garanties qu'elle ne remplace pas.

C'est à ce titre seul que nous consentirions à voir l'Etat s'occuper du rétablissement qui est l'objet de nos vœux.

La meilleure manière de ne pas se laisser, du premier coup, accaparer par lui, ce serait de se créer une situation indépendante dans sa constitution embryonnaire ; ce serait de composer des règlements qui fussent adoptés en connaissance parfaite de cause par les intéressés. Les statuts sont ordinairement faciles à rédiger. Leur application suscite de fréquents embarras.

Elle a besoin de faire ses preuves pour acquérir ses droits juridiques.

Voilà le but que nous devons, je le crois, poursuivre pour nous mettre un jour en règle avec l'Etat, et ne pas courir le risque de subir sa dangereuse immixion.

Les radicaux disent : « L'Etat c'est l'ennemi. » Leur maxime est révolutionnaire. Par une de ces anomalies qui ne cessent de se rencontrer dans le monde moderne, ce sont les petits-fils de la Convention qui se retournent contre leur aïeule, et veulent détruire les effets de son despotisme au nom des théories qui l'ont fondé.

Les conservateurs qui les repoussent dans leur intégrité ne se dissimulent pas qu'elles ont eu des conséquences qui leur sont encore préjudiciables. Mais ils s'efforcent d'en atténuer la rigueur sans chercher à briser toutes les entraves qui les gênent. Ils travaillent patiemment à améliorer leur sort. Ils cherchent à obtenir un affranchissement progressif Rien n'est plus propre à

leur procurer ce bienfait que la création d'organismes, qui, soumis à ce
contrôle indirect de l'Etat, ne se su-
bordonnent pas à sa gestion directe.

Prenons donc l'Etat comme il est.
Reconnaissons en lui le régisseur
général obligé de nos intérêts so-
ciaux.

Ne lui demandons ni plus ni moins
que ce qu'il peut donner, à savoir la
personnalité civile.

Tel est l'élément dont il dispose
pour le rétablissement des corporations. Il n'en dispose pas absolument
en maître puisque le pouvoir législa-
tif a le droit d'être saisi des pro-
jets de ce genre.—Vous avez vu, Messieurs, que dans la première de nos
conférences nous nous étions préoc-
cupés de cette question parlementaire.

Nous en avons formulé l'ensemble dans une série de considé-

rants qu'il vous appartiendra de ne
pas laisser dormir du sommeil de
l'encre morte.

La proposition sera confiée, nous
osons l'espérer, en temps opportun, à
des mandataires capables de la faire
aboutir par voie de majorité conservatrice.

Les députés radicaux ont invité
leurs collègues à pourvoir au rempla-
cement des corporations supprimées.

Nous nous bornerons à demander
leur rétablissement sur des bases
appropriées aux exigences de notre
époque de notre pays et de la liberté
du travail.

Ce vœu n'a rien d'incorrect. Il
n'a rien non plus d'irréalisable, surtout avec l'assistance de ce grand
maître des entreprises humaines qui
respecte infiniment mieux nos vo-
lontés que l'État moderne, puisqu'il

n'a mis pour condition à son tout-
puissant concours que le nôtre, tan-
dis que l'État tiendrait principalement à s'en passer.

Aussi n'a-t-il qu'un fort médiocre
penchant pour l'initiative individuelle.

Il est malheureusement encouragé
dans ses inclinations par l'inertie de
nos bons Français.

III.

Il est ni agréable ni utile de dire du
mal des siens. Je me garderai d'in-
sister sur ce point délicat. Ces petites
histoires de famille courent trop les
rues de notre monde, pour qu'il soit
nécessaire de les   au passage.
Elles sont mê   e fréquent

de conversation pour ceux qui en sont autant les héros que les témoins.

Quoi qu'il en soit, l'initiative en toute matière fait défaut dans notre belle bergerie de Panurge.

Elle se manifeste particulièrement lorsqu'il s'agit de remonter le cours des âges même avec une ceinture de sauvetage susceptible de préserver de toutes les submersions.

Le parti pris, les préjugés, les *spectres de mot* résistent aux arguments les plus irrésistibles. Ce qui a subi l'épreuve des siècles ressemble pour ces braves gens à une nouveauté quasi-révolutionnaire; ce qu'ils traitent de nouveauté leur paraît du même coup sortir de l'arche de Noé et de la boîte de Pandore.

On en vient même quelquefois à troubler tellement leur quiétude par ces sortes d'évocations d'un passé propre à être adapté au présent, qu'ils vous traitent de visionnaire et d'halluciné. L'épithète de réactionnaire serait trop faible pour leur idiome de Prudhommes en émoi.

La crainte fort équitable qu'on a d'exciter des susceptibilités qui seraient regrettables empêche de préciser l'objet de ces remarques, en les accompagnant d'exemples.

Ce que nous sommes forcés de constater, à notre corps défendant, c'est que l'initiative individuelle est un élément nécessaire mais rare de reconstitution — en ce qui concerne les corporations ouvrières. Nous n'aurons guère, je le pense, à compter sur elle, en dehors du milieu que je vous indiquerai.

Mais il s'est produit dans ce milieu des phénomènes si inattendus ou plutôt si providentiels d'initiative que nous nous dédommagerons d'un côté de ce qui nous manquera de l'autre. Nous tâcherons de voler de nos propres ailes, sous les yeux mêmes et à la stupéfaction de ceux que leur idées préconçues, la pusilla-nimité ou l'égoïsme retiennent au rivage de la désorganisation ouvrière.

Il ne nous sera pas défendu de leur prêcher d'exemple, de chercher à couper leur câble, enfin de travail-ler à les convertir.

Pour une petite quantité d'entraî-neurs émérites il y a souvent beau-coup d'entraînés.

Nous nous rangerons parmi les premiers avec l'espoir d'amener les seconds à nous suivre.

Une fois sur le chemin d'une rivière avec un bon conducteur porte-laine à leur tête, les moutons ne s'arrêtent plus.

Après tout, ils font nombre : c'est là un élément de reconstitution qui n'est pas à dédaigner dans un pays de suffrage universel.

Il est un autre élément qui serait d'une fécondité bien supérieure à celle du principe dont nous venons de parler, si les conditions dans lesquelles il existe n'étaient ou trop exclusives de celles que nous demandons ou trop complétement rattachées à des préoccupations de l'ordre purement matériel.

Il s'agit des associations étrangères aux œuvres ouvrières.

Ainsi, Messieurs, nous venons de le voir, l'État est impuissant à reconstituer les corporations ouvrières. L'initiative individuelle est insuffisante en raison de l'isolement qu'elle subit ; du peu d'influence qu'elle exerce et de l'inertie qui lui est propre.

Examinons maintenant les moyens d'action dont les associations disposent.

IV.

Au point de vue des intérêts ouvriers, nous avons les écoles professionnelles. Dans l'intention de ceux qui les ont fondées ou les soutiennent, elles sont surtout destinées à relever l'éducation de l'apprentissage. Les chambres de commerce et les syndicats les ont partout réclamées. Les particuliers se sont associés à ce mouvement. Les communes, les départements, l'État l'ont favorisé. A Paris on a obtenu des résultats incontestables avec le collège Chaptal, l'école Colbert, le collége Turgot, l'école Lavoisier, qui réunissent de 4 à 5,000 élèves.

L'école Saint-Nicolas, l'école d'Auteuil, l'école de la Villette ont aussi un contingent assez fort d'apprentis et d'enfants. Beaucoup d'industriels ont adopté cette méthode. Mais de tous les côtés on a rencontré le même obstacle. Les jeunes ouvriers, à l'instigation de leurs parents, étaient dévorés du désir de gagner de l'argent plutôt que de celui d'apprendre.

Au lieu de se donner le temps de connaître leur métier dans toute son étendue, ils ne se livraient qu'à une étude superficielle capable de leur procurer un profit supérieur à la peine.

L'équité historique exige, du reste, que nous constations que ces écoles professionnelles qui nous paraissent être une création mirifique du 19e siècle, prospéraient au 17e siècle et recrutaient jusqu'à dix mille élèves dans nos centres manufacturiers.

Dès le 14e siècle on les trouve établies à Lille, à Rouen, à Paris, à Bordeaux, à Poitiers même.

La Convention, avec cette *haute* intelligence des besoins populaires qui la distinguait, confondit dans la même proscription ces associations et les corporations.

Mais à peine la Révolution avait-elle secoué la poussière ensanglantée de ses pieds pour se donner un air d'honnête femme, que les petites gens ou les classes moyennes cherchèrent à reconstituer le passé. Le mouvement de restauration vint du midi, en 1822 ; il s'étendit bientôt à la France.

Qu'est-ce que cela prouve, Messieurs ? C'est qu'il n'y a pas d'édit tyrannique qui puisse prescrire contre les traditions d'une nation et les aspirations de la nature humaine. C'est sur ces traditions que nous nous appuyons, c'est à ces aspirations que nous nous reportons pour dresser notre plan de reconstitution corporative.

V.

Nous venons de le démontrer : l'État, par lui-même, impuissant à entreprendre une pareille œuvre, n'est appelé qu'à lui conférer le baptême légal ou la confirmation civile.

L'initiative individuelle offre des ressources très-limitées ; elle nécessite une impulsion qui réclame toute l'énergie qui lui manque. Elle tourne naturellement sur elle-même. Pour changer de rotation comme les comètes, elle a besoin d'une attraction phénomènale.

Il aurait été certainement possible de tirer un meilleur parti des conseils de prud'hommes si l'on avait voulu prendre l'initiative d'une adaptation corporative à leurs règlements. Dans ces associations électives, les patrons et les ouvriers se trouvent constamment en contact. Ils ont l'occasion de se connaître, le moyen de se rapprocher, l'intention de consulter leurs intérêts.

Aussi, Messieurs, je crois qu'en dehors des œuvres dont nous allons nous occuper, il n'y aurait guère que les Conseils de prud'hommes qui fussent aptes à devenir les leviers à la réorganisation corporative.

Si borné que soit le champ de

l'action, il importerait de ne pas le élaisser. Labouré, ensemencé à propos, il parviendrait à donner sa petite récolte.

Ces conseils en sont à leur soixante-dixième année puisque Napoléon Ier les créa en 1806. L'époque à laquelle ils furent fondés montre qu'on voulait déjà combler en partie le vide que la Révolution avait fait dans l'ordre ouvrier. Au lieu de le combler on le couvrit, comme ces fossés qu'on masque à la campagne avec des amas de sarments, soit pour permettre de passer d'un chemin à un autre, soit pour préserver le piéton d'un accident.

Là où il fallait une institution on mit un tribunal des conflits. Lorsque ces conflits au lieu de s'apaiser s'aggravent, l'État intervient. C'est son droit. Il l'exerce généralement avec vigueur. Il dissout : c'est une solution de fait qui écarte un danger, mais ne remédie pas à un mal.

Pour ce qui est des associations philanthropiques, il y a certainement du bien à en dire, quand on n'envisage que les intérêts qu'elles se proposent de protéger.

Avec un but unique qui consiste dans l'assistance mutuelle, ces associations ont des objets très-variés. Les unes s'occupent de pourvoir aux frais d'inhumation ou aux besoins des veuves et des orphelins. Les autres offrent des garanties contre les suites des accidents ou des sinistres. Celles-ci procurent à leurs membres des aliments, des vêtements, au meilleur marché possible. Celles-là leur facilitent le moyen de donner aux enfants l'instruction professionnelle sans bourse délier.

Poitiers sous ce rapport est des mieux partagé : l'association philanthropique y prospère grâce à la sagesse de ses règlements et à l'excellent esprit qui anime ses membres.

Les sociétés de ce genre, sous des dénominations différentes, sont devenues très-nombreuses. En France on en compte près de 6000. Le chiffre de ceux qui en font partie s'élève à plus de 800,000 individus. Leur avoir total dépasse 60,000,000. En cette matière encore, nous croyons avoir inventé la poudre qui était connue.

En dehors des corporations qui, par leurs statuts, dispensent de recourir à l'association, il y avait des confréries, des réunions de compagnonnage formées sous la même inspiration que nos sociétés philanthropiques avec le sentiment chrétien de plus, ce qui ne leur causait pas le moindre tort.

Les associations en apparence les plus propres à donner satisfaction aux besoins matériels ou professionnels de la classe des travailleurs, n'aboutissent pas, nous venons de le voir, à les tirer de l'ornière de l'individualisme.

Nous sommes, en conséquence, obligés de frapper à d'autres portes que celles qui se sont ouvertes devant nous.

Prenons le chemin de la rue Cornet. Arrêtons-nous, une fois arrivés, à destination, en face d'une maison que Poitiers, la région de l'Ouest, et la France catholique connaissent.

Gravissons cet escalier qui est sorti des entrailles du rocher, comme touché par une baguette magique.

Entrons dans cette bibliothèque qui, par ses collections de gravures, de manuscrits, d'objets d'art et d'ouvrages ferait l'honneur d'une ville.

Prions l'un des aimables jeunes gens qui consacrent à la lecture les heures de liberté que leur laisse le dimanche, de nous communiquer les statuts de Notre-Dame des Dunes. Parcourons attentivement les 11 pages que contiennent les 62 articles de ce règlement.

Qu'y voyons-nous en résumé ? Que le Cercle se divise en trois sections d'âge, qui sont comme les étapes de la première jeunesse ; que pour entrer dans l'une de ces sections il faut présenter toutes les garanties requises dans les admissions les plus difficiles ;

Que tous les membres contractent les uns envers les autres l'obligation de se rendre des égards ; qu'il y a des aspirants à divers titres ; que des récompenses trimestrielles sont distribuées, pour la conduite et le travail d'atelier ; que les cas d'exclusion sont précisément en rapport avec les dangers que donne lieu de courir l'esprit d'insubordination répandu dans la masse de travailleurs ; mais que ces exclusions ne sont prononcées qu'après mûre délibération, sur l'avis conforme d'ouvriers ayant chacun leurs attributions hiérarchiques ;

Que toutes les sections sont pourvues, en particulier, d'un Conseil et d'un bureau ; qu'il y a dans ces sections deux degrés, celui des aspirants, celui des agrégés, lesquels mènent à un troisième, celui de sociétaires ;

Que les sociétaires forment *le corps du Cercle*, autrement dit le corps des dignitaires de l'association ; que ces sociétaires, s'ils sont forcés de quitter la ville, gardent leur titre qui est inaliénable ;

Que chaque corps de métier représenté dans le Cercle a sa bannière, son caractère patronal, ses fêtes traditionnelles ; qu'il est pourvu à l'assistance en cas de maladie, et à toutes les nécessités de la vie grâce à des cotisations mensuelles ; qu'on s'occupe de placer les apprentis chez des patrons qui les maintiennent dans la voie morale et dans le goût de leur métier ; qu'on excite l'émulation professionnelle par des concours ; qu'on pourvoit à la culture de l'esprit par des cours ; qu'on suit pas à pas l'enfant, l'adolescent, le jeune homme dans son chemin semé

4*

des premières épines de la vie de
labeur; qu'on met à sa disposition
tous les instruments de travail dont
il a besoin; qu'on s'efforce de lui
conserver les saines influences de la
famille, de le préserver des fréquen-
tations dangereuses, de lui assurer le
plein exercice de ses devoirs religieux,
de le protéger contre toutes les in-
justices, en un mot d'en faire un
ouvrier accompli, capable de réussir
en tout.

Ah! Messieurs, qu'on soit catholique ou non, l'équité naturelle, le
bon sens le plus vulgaire vous obli-
gent à constater qu'il y a dans une
réunion de ce genre, dans un cercle
pareil, tous les éléments de la reconstitution des corporations.

Sur quoi reposait, en effet, la corporation? sur le quadruple principe
de la hiérarchie, de la solidar é

de l'autonomie, de la fraternité chrétienne.

La hiérarchie, je la trouve dans les degrés qui conduisent de la condition de candidat à celle de sociétaire en passant par les fonctions intermédiaires.

La solidarité est l'objet même de l'association. L'autonomie résulte de la qualification, qui lui est donnée de *corps* du Cercle avec tous les rouages de l'administration particulière.

Enfin la fraternité chrétienne est en quelque sorte la raison d'être de cet établissement.

En même temps s'y rencontrent les garanties morales, les ressources matérielles, les avantages professionels que présentaient les corporations supprimées par le plus *jacobin* des ukases français.

Ces garanties, ces ressources, ces avantages sont assurés par des statuts qui ont reçu l'approbation de l'Etat.

Les Cercles catholiques, sans être reconnus d'utilité publique, ce qui ne les empêche pas d'avoir une utilité de premier ordre, jouissent de l'autorisation légale.

Ils n'ont rien à redouter de l'article 291 du Code pénal qui donne tant de tablature à ces réunions à dénominations fallacieuses, qui désireraient éluder la loi en la tournant.

Ils sont en bons termes avec la loi, leur conscience et la société. On ne retrouverait pas, dans le nombre incessamment croissant de nos Cercles ouvriers de France, les merveilles de création, d'installation, d'agrément que celui de Notre-Dame des Dunes doit à un prêtre que son mérite dispense de louer, comme l'a dit Bossuet d'un homme de son temps.

Mais on rencontrerait partout cette organisation qui paraît si appropriée aux nécessités de la réorganisation qui nous intéresse. Aux quatre points cardinaux de la nouvelle carte géographique de nos Cercles ouvriers de France se reproduirait le spectacle que nous avons à Poitiers.

A quelques modifications près, ce sont les mêmes règlements en vigueur. La variété dans les prescriptions n'altère pas l'unité de l'esprit de sagesse qui les a dictés et de l'expérience consommée qui les a coordonnés.

Au nord, au midi, à l'est, à l'ouest de notre pays, se relient à ces cercles des œuvres telles que celle des apprentis, des secours mutuels, des caisses

d'épargne, des bibliothèques, des
militaires, de l'art chrétien, des contrats d'apprentis.... des patrons,
des logements, de l'assistance médi-
cinale, économique, judiciaire.

Quel tableau lumineux comme un
ciel d'orient il y aurait à tracer, de
cet admirable ensemble d'entreprises
ouvrières qui, bien loin d'avoir
épuisé, malgré leur multiplicité, le
génie créateur du catholicisme, semble le féconder !

Mais nous visons uniquement, en
ce moment, à tirer une conclusion
pratique de toutes les considérations
que nous avons émises soit dans les
conférences précédentes, soit dans
celle que nous terminons.

Notre conclusion est contenue
dans l'article 13 du règlement des
Cercles de Paris, qui a servi de modèle

aux statuts adoptés à Poitiers comme ailleurs.

« Les ouvriers, dit cet article, assistent chaque année à une messe solennelle, groupés par corporations. »

Le principe de la corporation est donc nettement formulé par l'œuvre des Cercles.

Pour l'appliquer que faudrait-il ? Approprier à chacun des groupes de métier qui composent l'association les prescriptions édictées pour les anciennes corporations, qui seraient compatibles avec la liberté du travail et les autres exigences de notre temps.

La plupart de ces prescriptions relatives à l'apprentissage, au compagnonnage, aux examens, aux chefs-d'œuvre, à la maîtrise, nous l'avons amplement démontré dans notre dernière conférence, conviendraient par faitement à la législation ouvrière de notre époque.

Pourquoi n'en ferions-nous pas l'essai ? Ce serait chose facile.

Je vais vous en donner, Messieurs, sommairement la preuve dans un projet de règlement général de la corporation renouvelée.

Je divise ceux qui en feraient partie en quatre grandes catégories. Dans la première je mets les aspirants apprentis et apprentis agréés ; dans la seconde, les aspirants compagnons, compagnons en pied ; dans la troisième les aspirants à la maîtrise ; dans la quatrième je range les contre-maîtres et les patrons.

En réalité ces divisions, sans les degrés intermédiaires, existent déjà, nous venons de le voir.

L'apprentissage serait fixé à 12 ans et ne pourrait aller au delà de 16.

L'apprenti ne pourrait porter ce titre, si modeste qu'il soit, sans avoir passé un examen d'aptitudes.

Il ne devrait sortir de l'atelier comme y entrer qu'avec le consentement du Conseil de la corporation.

Il serait lié par un contrat, susceptible de revision. Il aurait droit à un insigne, à des récompenses, à des fonctions honorifiques d'apprenti émérite. Le fils du maître ou patron serait soumis aux mêmes formalités à moins qu'il ne travaillât chez son père qui répondrait sur parole de sa capacité.

L'aspirant compagnon ne serait reconnu comme tel qu'après examen, d'une œuvre d'apprenti mise au con-co s.

exécution du chef-d'œuvre se frait, à peu de choses près, dans mes conditions qu'autrefois.

Le candidat reçu porterait le titre de maître ou de patron. Il serait considéré comme maître s'il ne pouvait ou ne voulait pas s'établir ; on le désignerait sous le nom de *patron* s'il avait la facilité d'acheter un fonds. Tous les deux seraient égaux devant le diplôme, devant la corporation, et marcheraient de pair dans les cérémonies.

Je ne trace qu'un cadre. Rien ne serait plus facile que de le remplir, pour tout ce qui concerne l'adaptation des réglementations de détail administratif, financier, religieux, avec les prescriptions actuellement en vigueur dans les cercles, ou tirées de la législation ancienne des corps de métiers.

Chaque section du Cercle nommerait une délégation ; les délégations se formeraient une commission, qui, sous la présidence de son directeur, discuterait les articles qu'il aurait réunis dans un projet préparatoire élaboré par lui. Au cas où l'on serait tombé d'accord sur les points essentiels, on demanderait aux patrons qui voudraient coopérer à cette reconstitution, d'en faire l'objet de leurs délibérations.

Comme membres fondateurs, ils seraient, à titre gracieux, dispensés des formalités requises par les statuts.

L'auteur de ce petit programme se borne à vous offrir un aperçu de la marche qu'il y aurait à suivre, si vous vous décidiez, Messieurs, à réaliser l'idée corporative.

Il appartiendrait à M. l'abbé Fossin, ainsi qu'à ses vaillants auxiliaires, de modifier ce programme, pour arriver au même but par des voies différentes.

Le directeur de l'Œuvre de Notre-

Dame-des-Dunes et ses collaborateurs ont prouvé, en plantant leur drapeau sur les hauteurs les moins abordables de Poitiers, qu'ils pouvaient mener à bonne fin toutes les entreprises.

La *nécessité*, la *possibilité*, la *facilité* du rétablissement des corporations ouvrières vous ont été successivement démontrées, Messieurs, par les faits qui se sont produits avant comme après leur suppression.

J'ajouterai, Messieurs, que vous avez des éléments providentiels de réussite, soit par le nombre, soit par l'organisation, soit par la direction, soit par les droits que vous vous êtes acquis à l'estime, à la sympathie, au dévouément de cette vieille cité qui ne se livre pas plus facilement, dans ce temps, aux innovations qu'elle ne le faisait il y a quatre cents ans aux Anglais.

Vous êtes en outre placés sous la haute protection d'un Évêque qui a été le plus généreux de vos bienfaiteurs, de ce *Père de l'Eglise* au XIXe siècle qu'on appellera dans la postérité *le successeur de saint Hilaire* comme on dit *actuellement l'aigle de Meaux.*

Vous êtes en possession d'un état de choses matériel et moral que les Cercles catholiques de Bordeaux, de Toulouse, de Marseille, de Lyon, de Rouen, de Lille, même de Paris peuvent, à bon droit, vous envier.

Vos solennités religieuses, vos expositions d'arts et métiers, vos fêtes ouvrières sont entrées dans les mœurs de notre ville.

De Lourdes à Orléans, d'Angers à Limoges, vous avez été acclamés,

soit comme pèlerins, soit comme lau
réats. De Paris et de la région qui nous
en sépare, on est venu assister à l'i
nauguration de la statue colossale qui
domine la colline des Dunes, cou
ronne votre œuvre, et protége notre
cité.

Vous formez un *Cercle type.*

Or le Cercle, d'après l'examen que
nous avons fait de ses statuts, con
tient tous les éléments nécessaires
au rétablissement des corporations
ouvrières.

Il est même, on peut le dire, fondé
sur le principe de l'association cor
porative.

Le jour où l'on arrivera à procéder
à cette grande reconstitution sociale
de la classe des travailleurs, on met
tra tout simplement en pratique
une théorie formulée plus ou moins

explicitement, dans les règlements de nos œuvres ouvrières.

Pour tous ceux qui ont étudié sérieusement cette question, *la corporation représente l'avenir social des Cercles.*

TABLE DES MATIÈRE

POITIERS. — TYPOGRAPHIE H. OUDIN FRÈRES.

9 782014 446807